SRA Early Interventions in Reading

Level K

Activity Book

MHEonline.com

SRA

Copyright © 2013 by The McGraw-Hill Companies, Inc.

All rights reserved. No part of this publication may be reproduced or distributed in any form or by any means, or stored in a database or retrieval system, without the prior written consent of The McGraw-Hill Companies, Inc., including, but not limited to, network storage or transmission, or broadcast for distance learning.

Send all inquiries to:
McGraw-Hill Education
8400 Eastern Companinh
Columbus, OH 43219

ISBN: 978-0-02-136659-5
MHID: 0-02-136659-0

Printed in the United States of America.

1 2 3 4 5 6 7 8 9 10 RRW 16 15 14 13 12

McGraw Hill · SRA

Bothell, WA · Chicago, IL · Columbus, OH · New York, NY

MHEonline.com

 SRA

Send all inquiries to:
McGraw-Hill Education
4400 Easton Commons
Columbus, OH 43219

ISBN: 978-0-02-114665-9
MHID: 0-02-114665-9

Printed in the United States of America.

7 8 9 QVS 16 15 14 13

The **McGraw·Hill** Companies

Table of Contents

Lesson 2

Activity 4

T O T

C O T

Activity 5

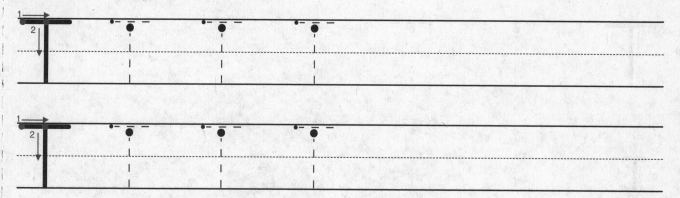

Lesson 4

Activity 5

c t o M T

T O t P

Activity 6

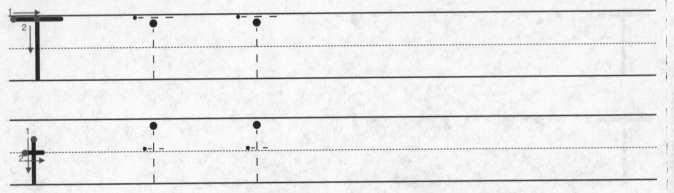

Activity Book

Lesson 6

Activity 5

T   o   t   c

t   T   M   T

Activity 6

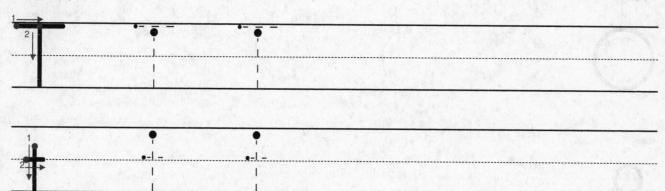

Name_____

Lesson 8

Activity 4

T C O T

O T o T

Activity 5

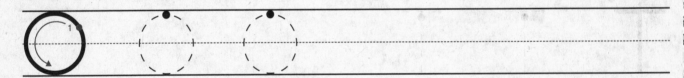

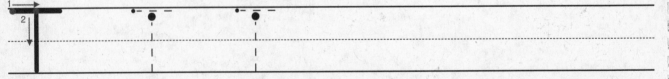

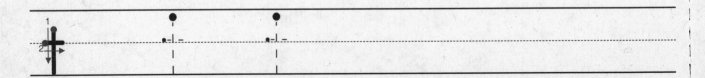

4

Activity Book

Lesson 10

Activity 6

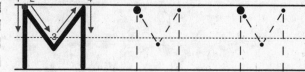

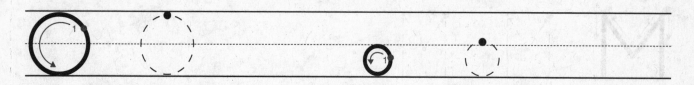

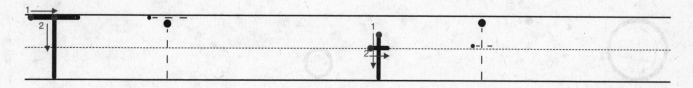

Lesson 12

Activity 6

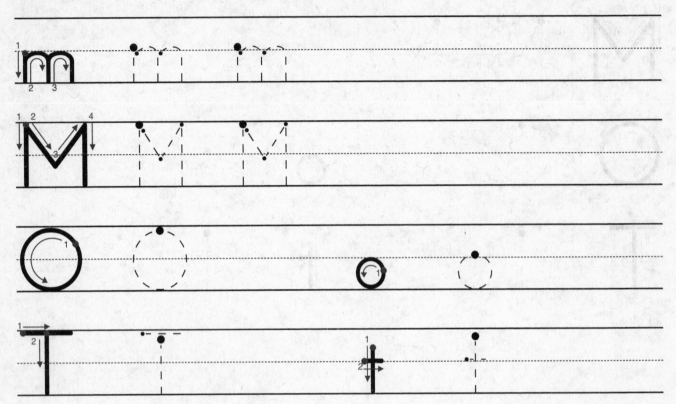

Activity Book

Lesson 14

Activity 7

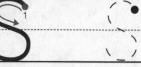 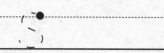

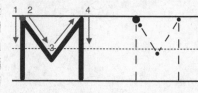

  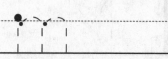

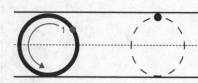

Lesson 16

Activity 7

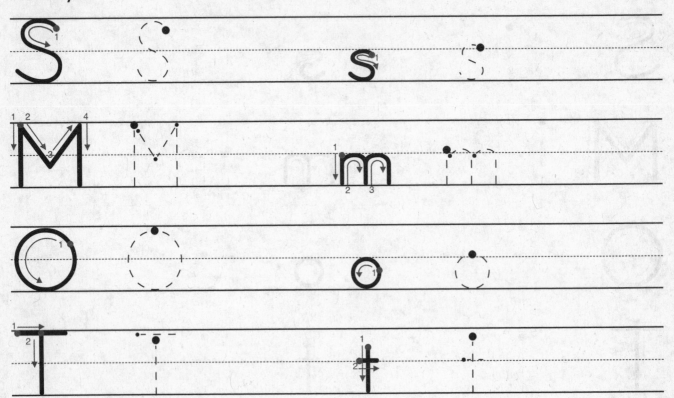

Activity Book

Lesson 18

Activity 6

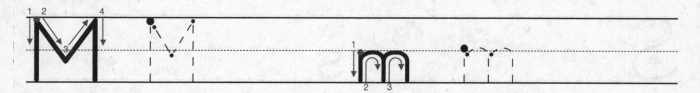

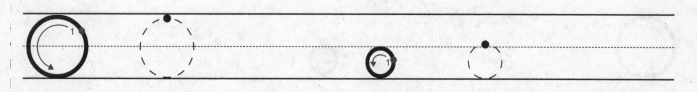

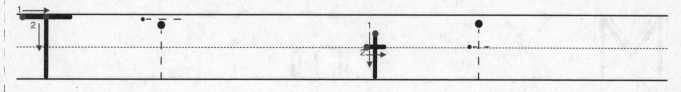

Lesson 20

Activity 6

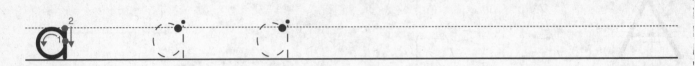

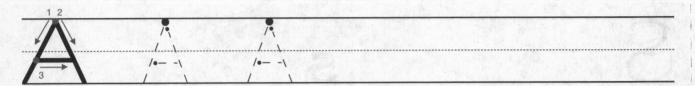

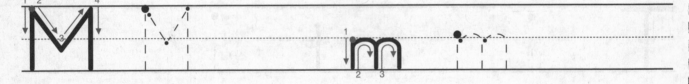

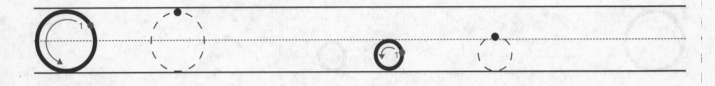

Activity Book

Lesson 22

Activity 6

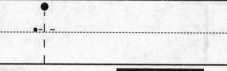

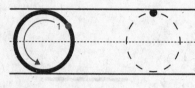

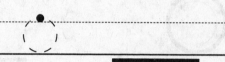

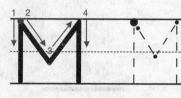

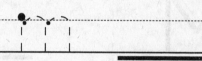

Lesson 24

Activity 6

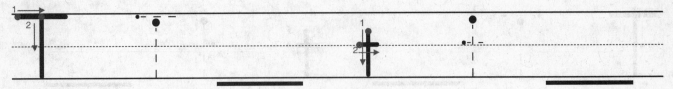

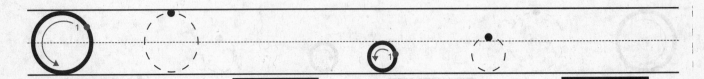

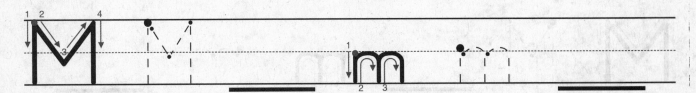

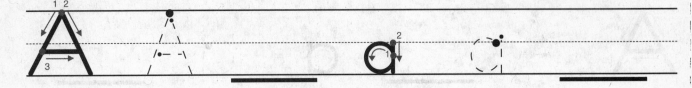

Lesson 26

Activity 6

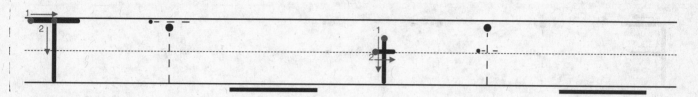

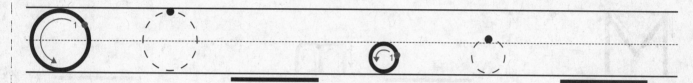

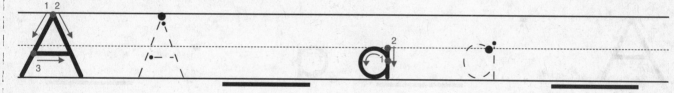

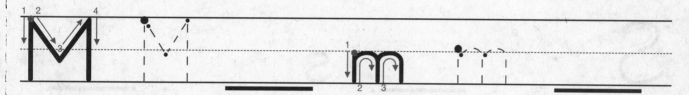

Name

Lesson 28

Activity 6

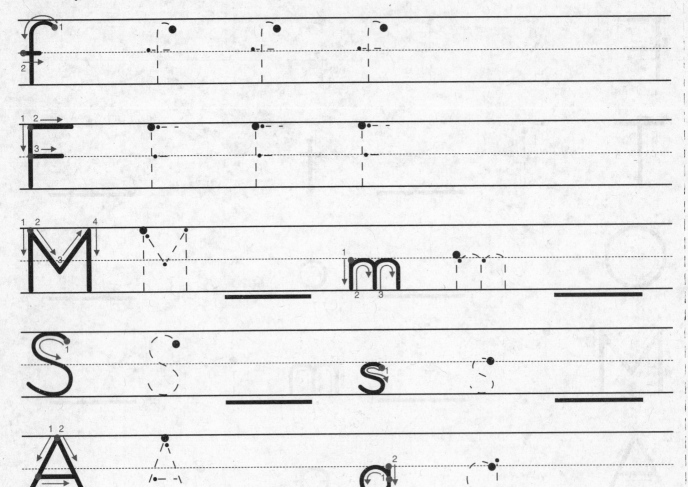

Lesson 30

Activity 6

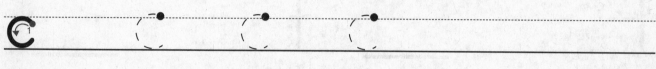

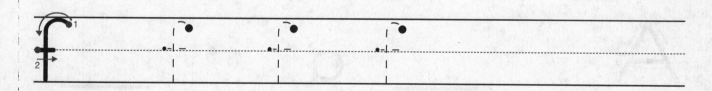

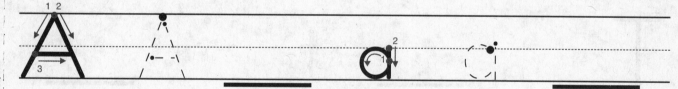

Lesson 32

Activity 6

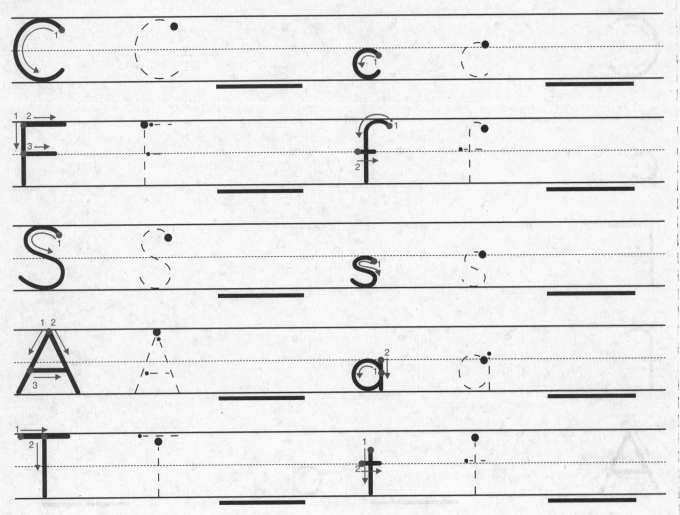

Lesson 34

Activity 6

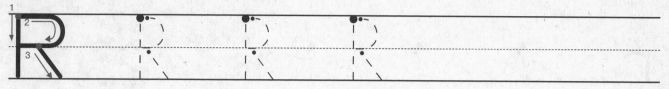

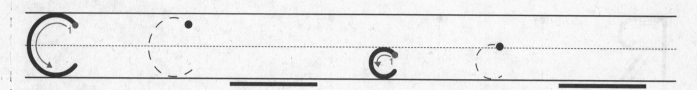

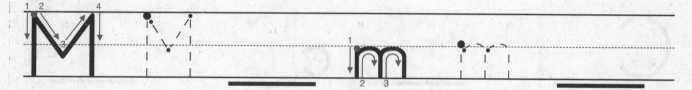

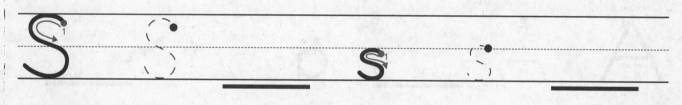

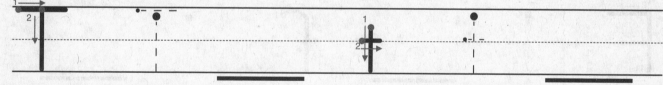

Lesson 36

Activity 5

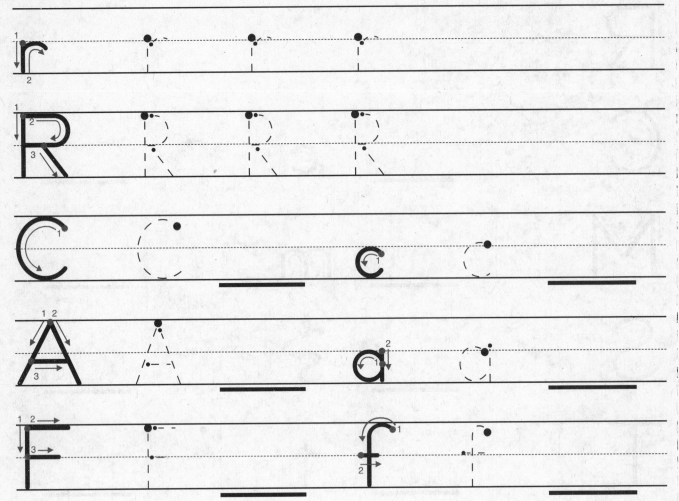

Lesson 38

Activity 5

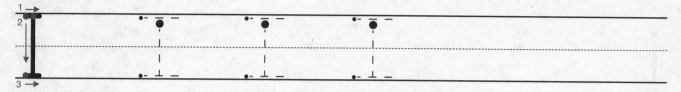

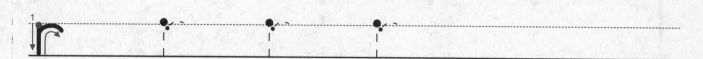

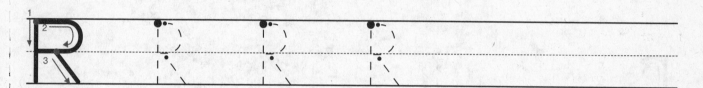

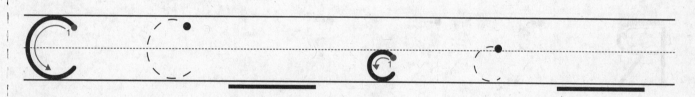

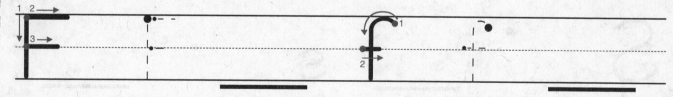

Lesson 40

Activity 5

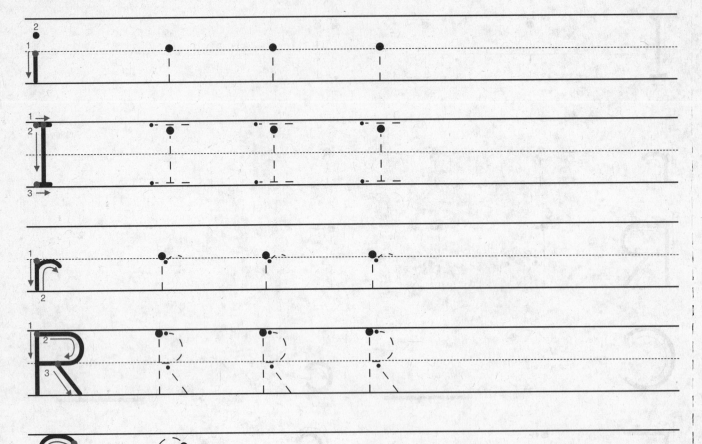

Lesson 42

Activity 5

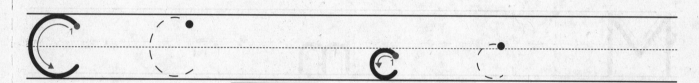

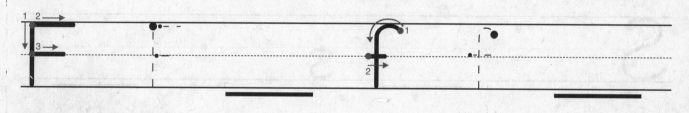

Lesson 44

Activity 5

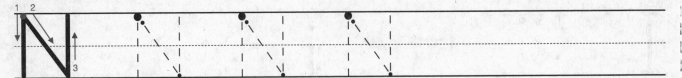

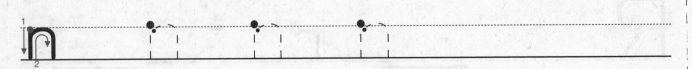

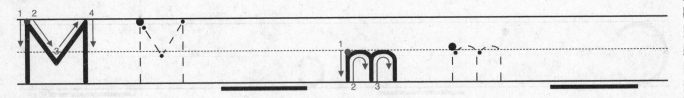

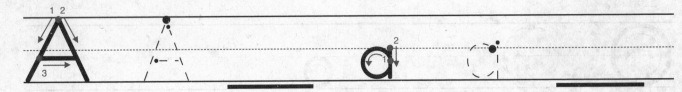

Activity Book

Lesson 46

Activity 6

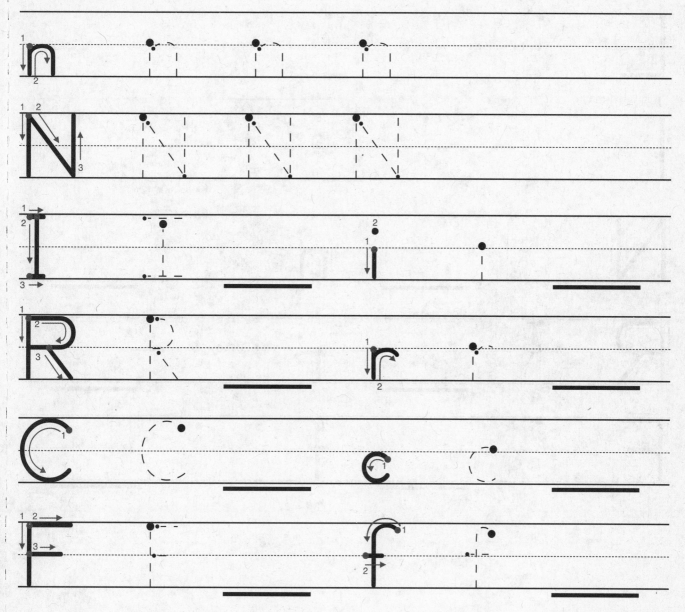

Lesson 48

Activity 5

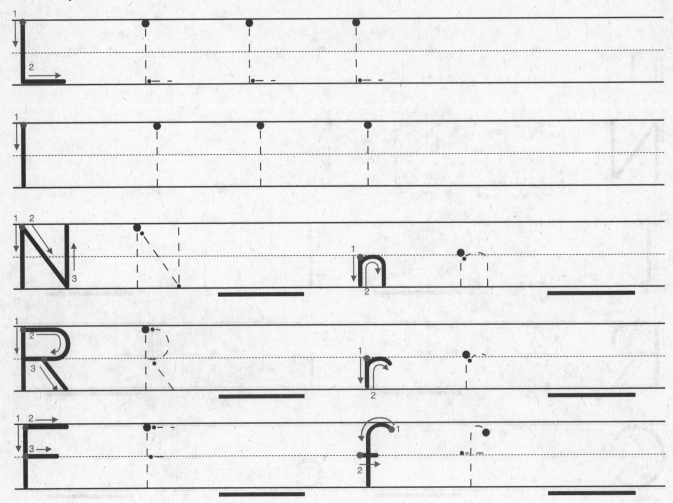

Lesson 50

Activity 6

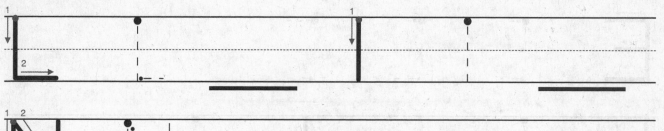

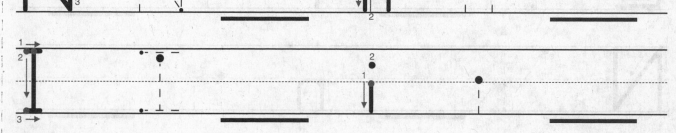

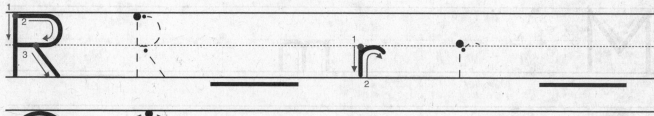

Lesson 52

Activity 5

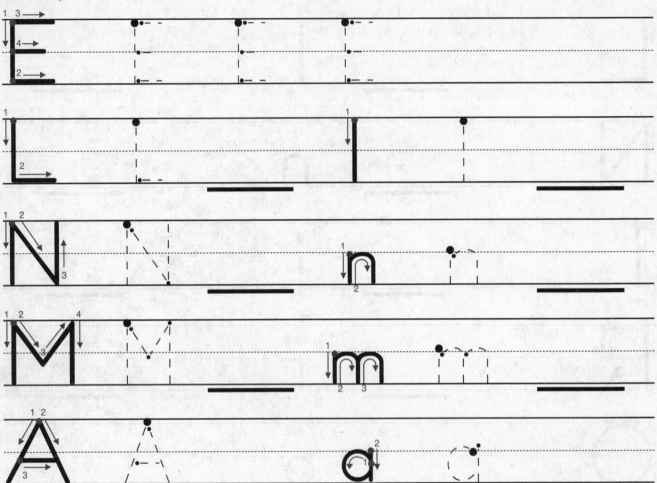

Name

Lesson 54

Activity 6

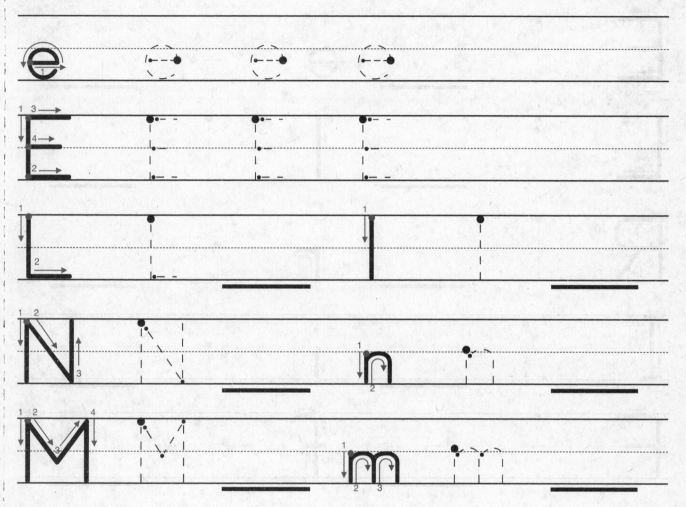

Lesson 56

Activity 7

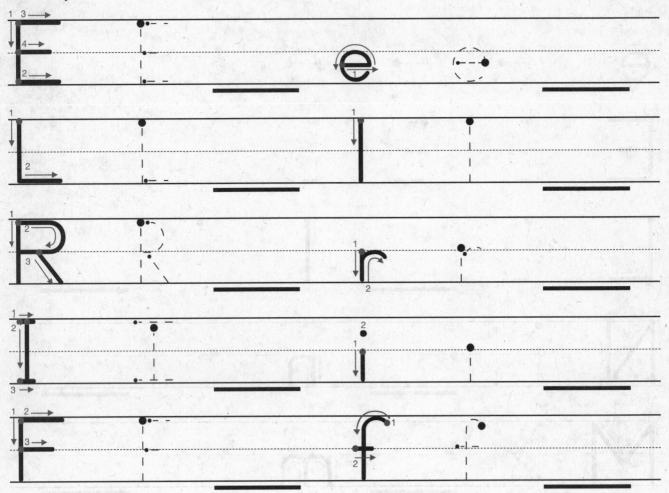

Lesson 58

Activity 6

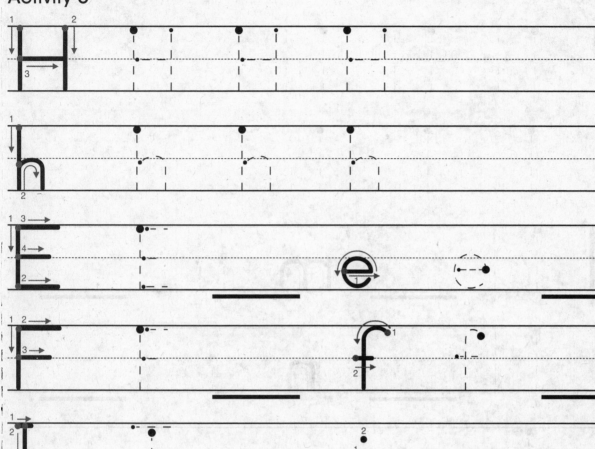

Lesson 60

Activity 6

Lesson 62

Activity 5

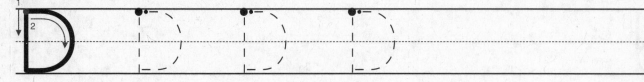

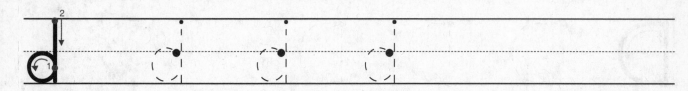

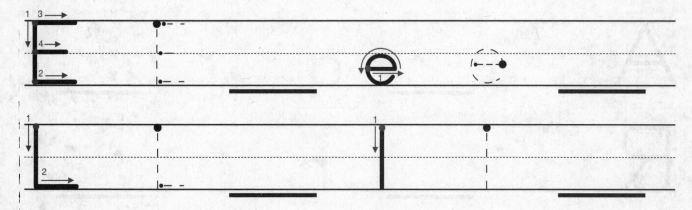

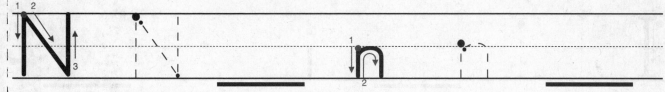

Lesson 64

Activity 5

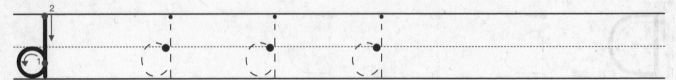

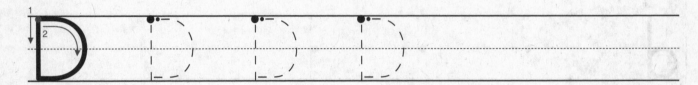

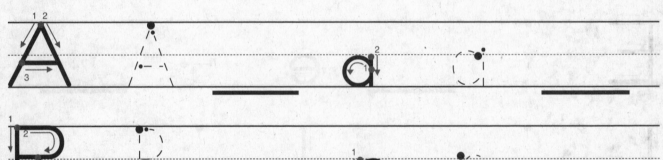

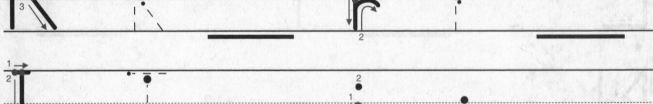

Activity Book

Lesson 66

Activity 7

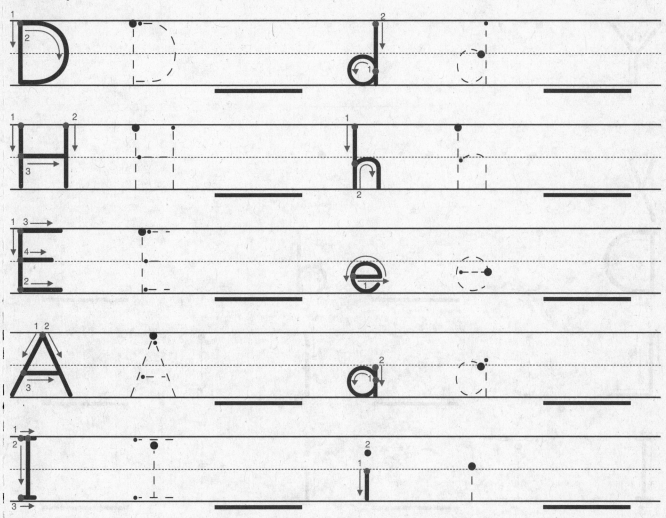

Lesson 68

Activity 6

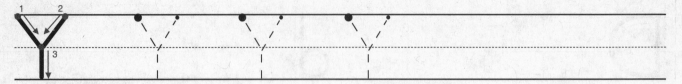

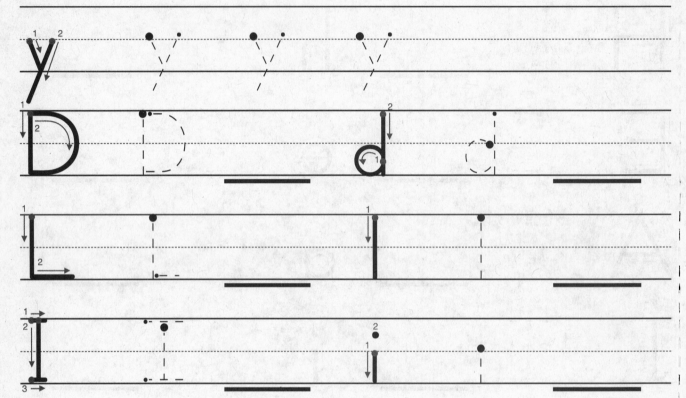

Lesson 70

Activity 7

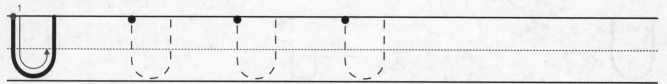

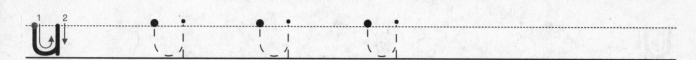

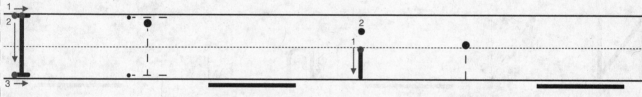

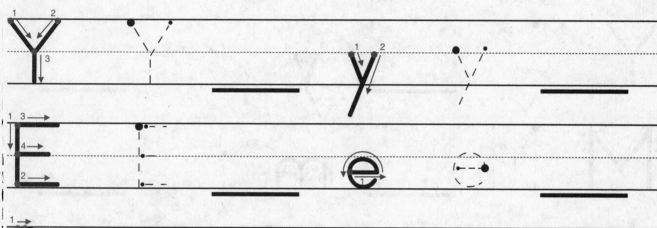

Lesson 72

Activity 7

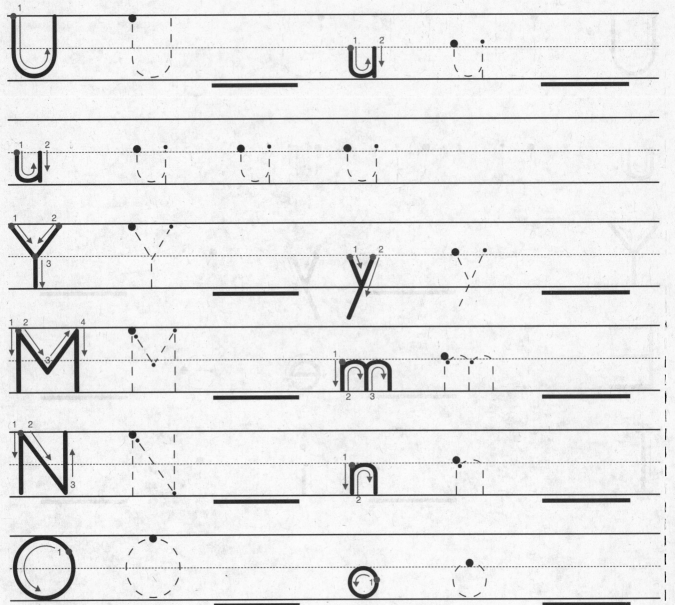

Activity Book

Lesson 74

Activity 6

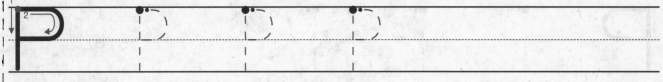

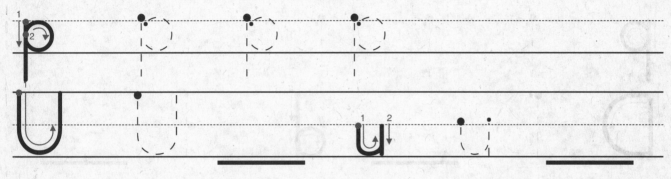

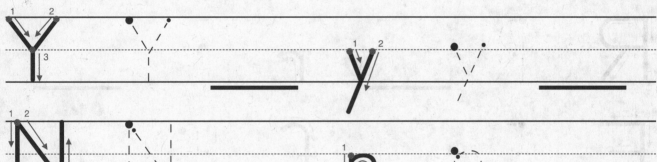

Lesson 76

Activity 5

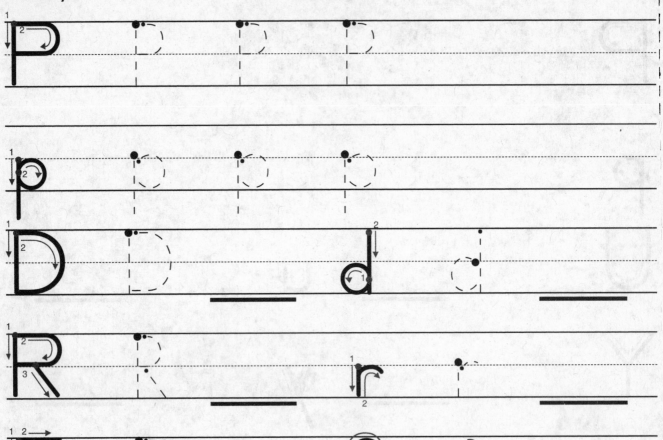

Lesson 78

Activity 5

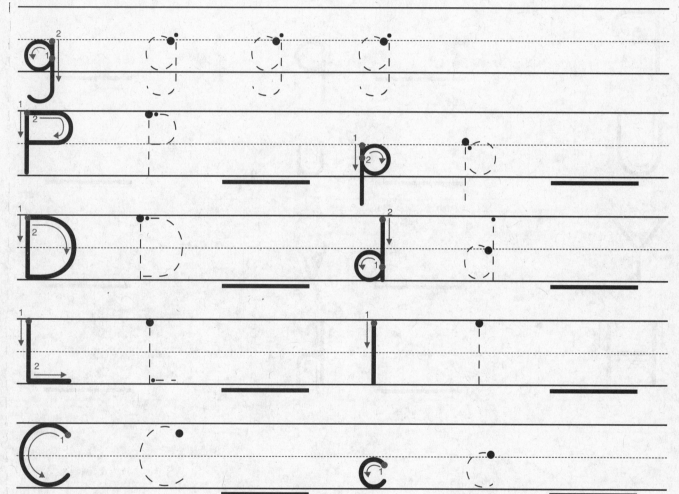

Lesson 80

Activity 5

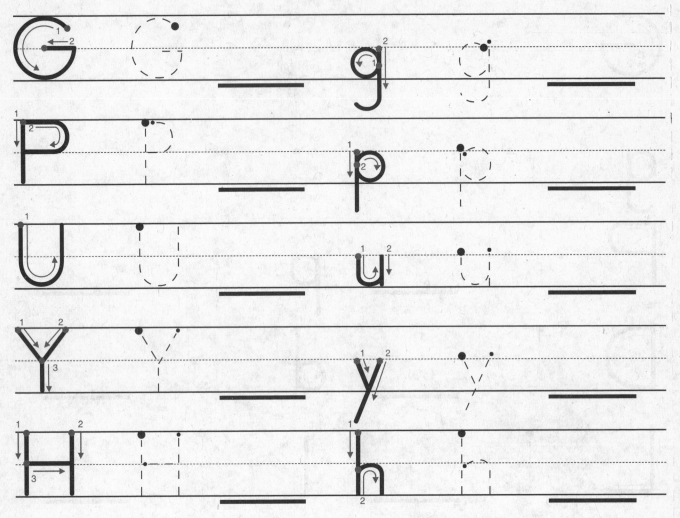

Lesson 82

Activity 6

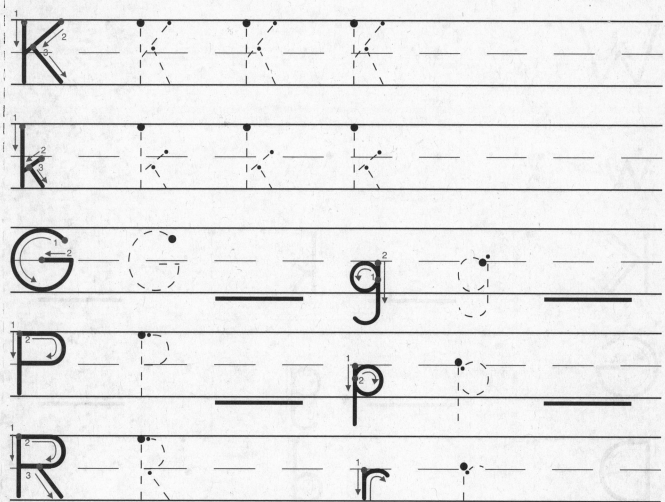

Lesson 84

Activity 6

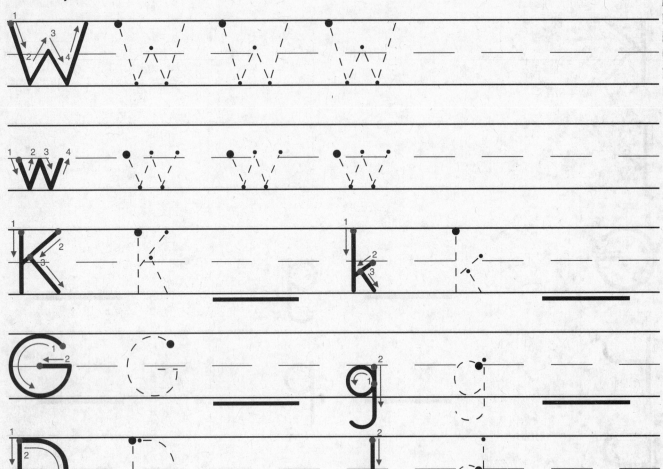

Lesson 86

Activity 7

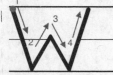  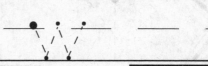

Lesson 88

Activity 6

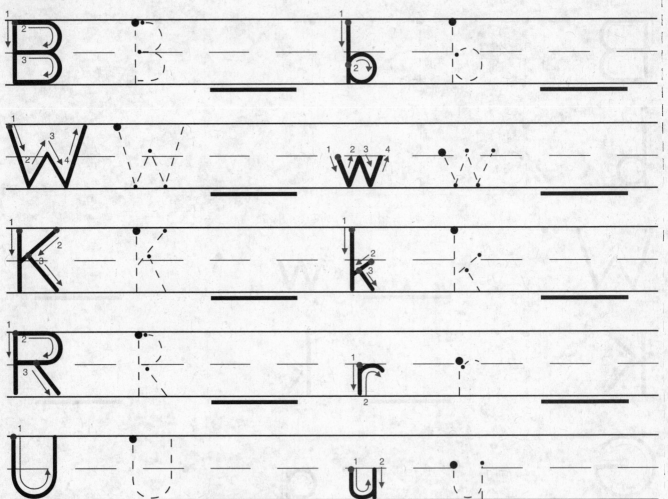

Activity Book

Lesson 90

Activity 6

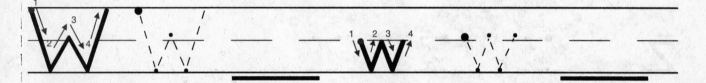

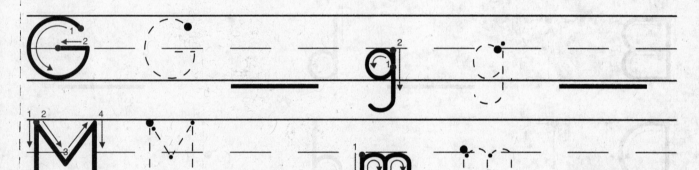

Lesson 92

Activity 6

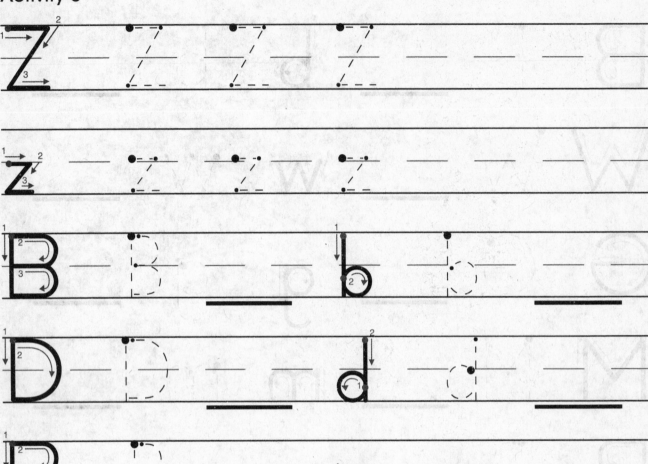

Lesson 94

Activity 7

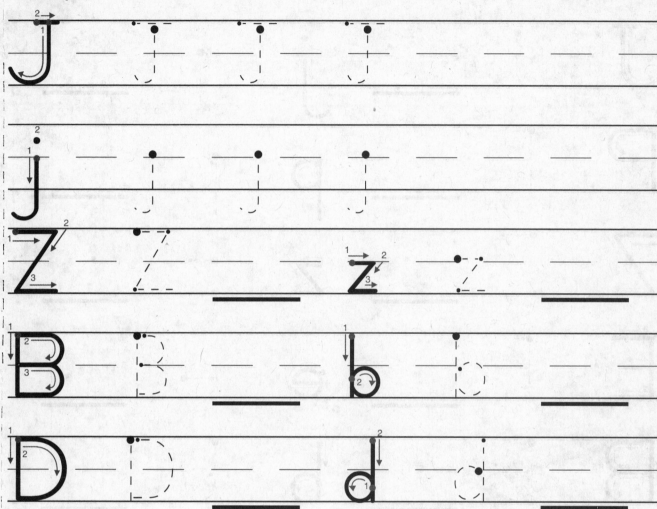

Lesson 96

Activity 6

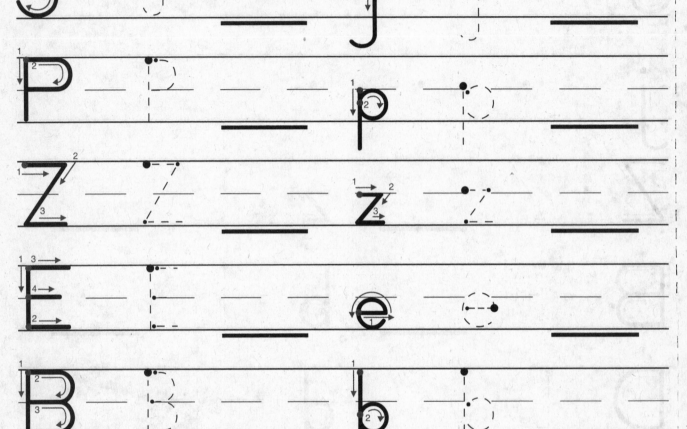

Activity Book

Lesson 98

Activity 6

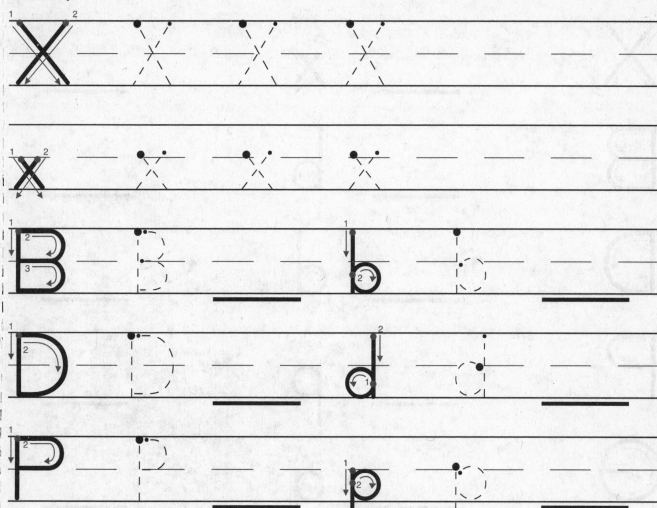

Lesson 100

Activity 6

Lesson 102

Activity 6

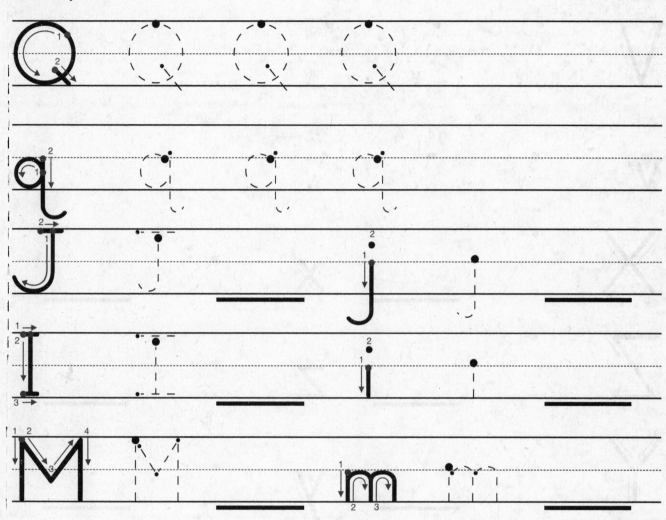

Lesson 104

Activity 6

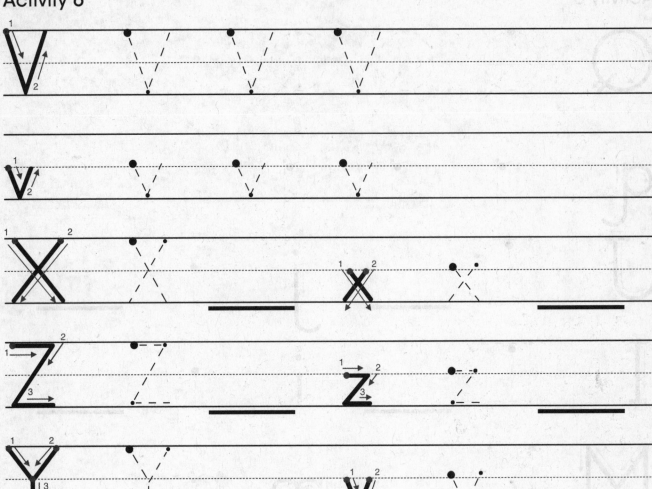

Activity Book

Lesson 106

Activity 6

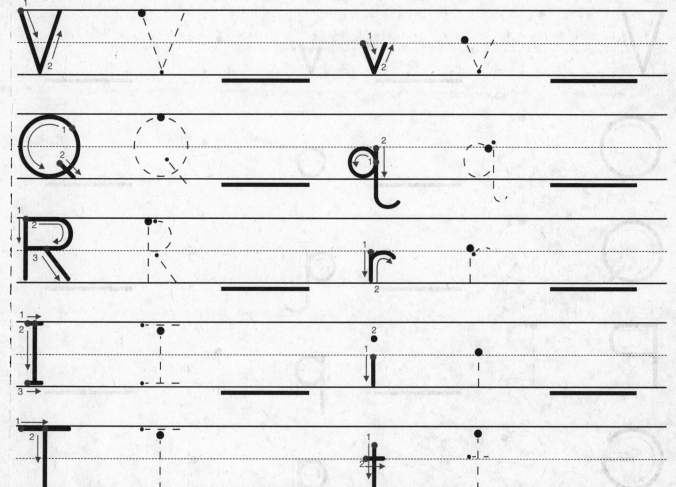

Lesson 108

Activity 6

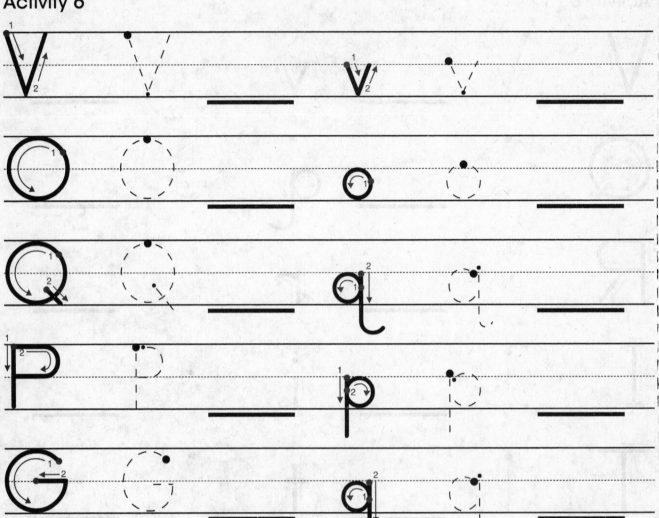

Lesson 110

Activity 7

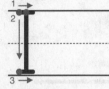
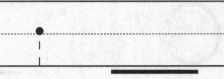

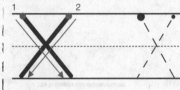

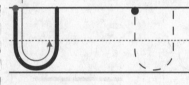

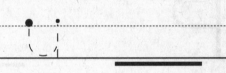

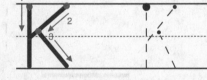

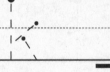

Lesson 112

Activity 6

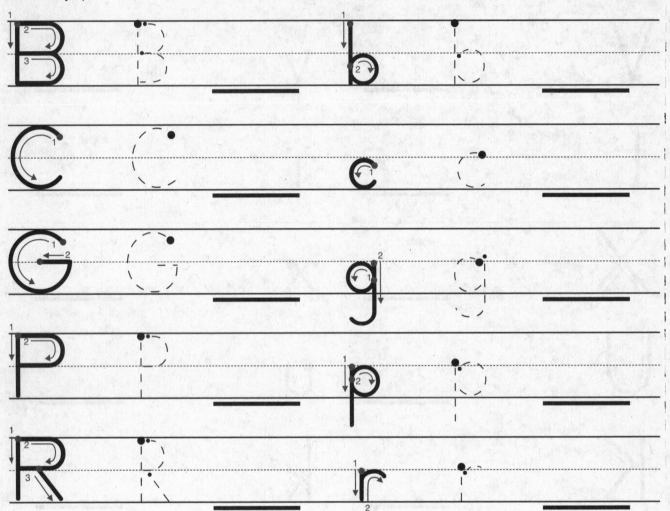

Lesson 114

Activity 6

B b b

D d d

G g g

P p p

R r

Lesson 116

Activity 7

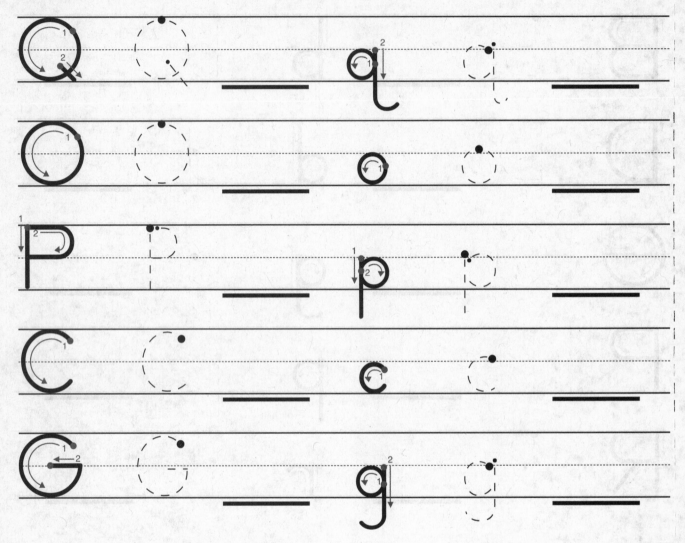

Lesson 118

Activity 6

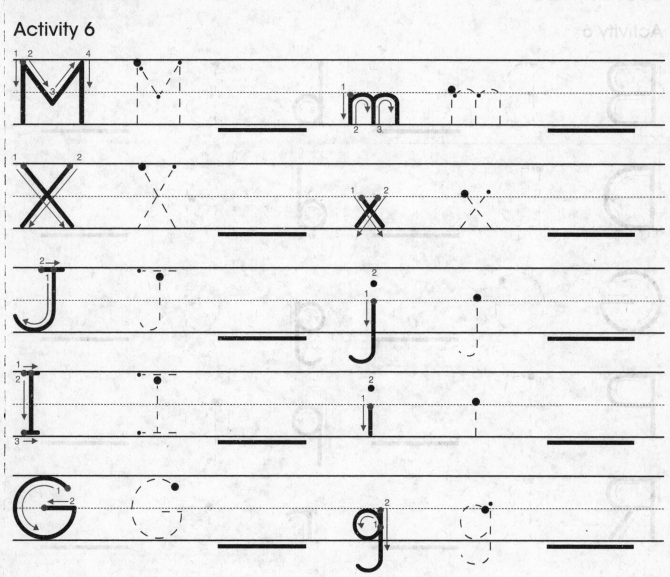

Lesson 120

Activity 6

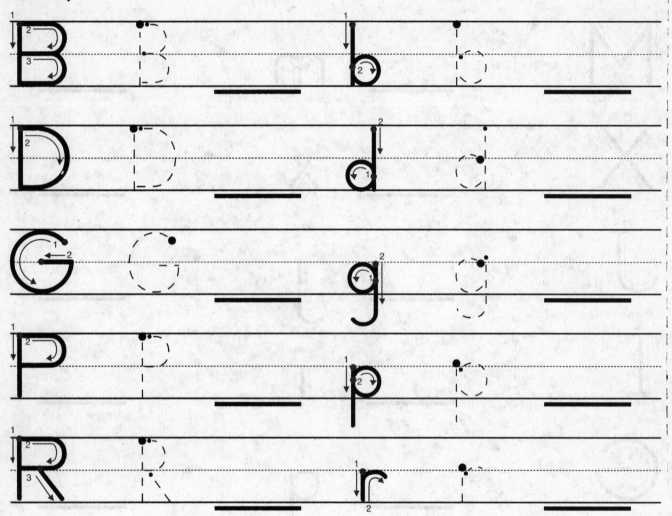